Max Lema

Der Stechmücken-Hack

Entspannt durchschlafen, während sich andere die Nächte um die Ohren schlagen!

Max Lema

Der Stechmücken-Hack

Entspannt durchschlafen, während sich andere die Nächte um die Ohren schlagen!

Bibliografische Information der Deutschen Nationalbibliothek:
Die Deutsche Nationalbibliothek verzeichnet diese Publikation in der
Deutschen Nationalbibliografie; detaillierte bibliografische Daten sind
im Internet über dnb.dnb.de abrufbar.

Max Lema
c/o AutorenServices.de
Birkenallee 24
36037 Fulda

ISBN: 978-3-7597-6793-6

Verlag:
BoD · Books on Demand GmbH, In de Tarpen 42, 22848 Norderstedt

Druck:
Libri Plureos GmbH, Friedensallee 273, 22763 Hamburg

*Ein Stellvertreter ist ein Mann, der sich
jeden Morgen nach unserem Befinden
erkundigt und sehr enttäuscht ist, wenn
man gut geschlafen hat.*

- Charles de Gaulle -

Eins vorweg:

Mit dem ersten Tipp komme ich persönlich - seit ich ihn anwende - so gut durch die Nacht, dass die anderen eigentlich kaum erwähnenswert sind. Andere Lebenssituationen können natürlich andere Maßnahmen erfordern. Deshalb sind alle Tipps für den ein- oder anderen Fall nützlich!

TIPP ONE (1):

Es ist so einfach: **<u>Tagsüber lüfte ich das Schlafzimmer</u>** und halte mich gar nicht im Schlafzimmer auf. **<u>Abends (18 bis 20 Uhr) schließe ich dann das Fenster</u>** (die Zimmer-Tür bleibt nie lange auf). Der Raum ist gut gelüftet für die Nachtruhe (bei durchschnittlicher Raumgröße und üblichen Fenstern, die nicht hundertprozentig einen Luftaustausch verhindern, d. h. durch Undichtigkeiten findet noch ein geringer Luftaustausch statt).

Das Ergebnis spricht für sich: Fast nie gerät eine Stechmücke ins Zimmer.

Unglaublicher Fakt: Man muss meistens nur einige Minuten warten (10 bis 20 min) wenn man doch das Fenster aufmacht in der Abend- und Nachtzeit, und bekommt nervtötende und unerwünschte Gesellschaft zu Besuch! Das läßt mich darauf schließen, dass die Mücken das Blut oder den Menschen sehr effizient riechen/ wahrnehmen/ orten können. Ein offenes Fenster oder auch die Tür zum Zimmer sind dann das Einfallstor. Wer nachts also mal kurz durchlüften möchte, sollte das Fenster nach ca. 5 min wieder schließen. Wenn man morgens ausgeschlafen ist, kann man das Fenster wieder öffnen und den ganzen Tag durchlüften.

Manchmal...

gerät doch ein ungebetener Gast ins Zimmer. Wer hat Fenster oder Türe zu lange aufgelassen???

TIPP TWO (2):

Fängt es an, um dich herum zu surren, dann reagiere schnell und erbarmungslos:

Licht an!

Suche das Problem, in dem du dich in eine Ecke des Zimmers stellst, und lasse deinen Blick Wände und Zimmerdecke entlanggleiten. Oft sitzt die Mücke in der Nähe des Bettes, manchmal versteckt an der Seite zwischen Matratze und Wand!

Schau auch hinter den Vorhängen nach!

Schlage gewissenlos zu, es ist nur ein blutsaugendes Insekt!

Mit **Acryl-Titanweiß** (z. B. Primacryl von Schmincke) kann man sich auf weißen Wänden in Spurenbeseitigung üben. Ein Pinsel kann mit einem Holzstäbchen und Malerkrepp verlängert werden.

Das Ergebnis spricht für sich: Lieber 5 min die Mücke suchen und erlegen, als stundenlang im Bett hin- und hergescheucht zu werden.

Insektenspray hilft grandios!

Ist dein Raum von einer Vielzahl an Mücken und anderem Getier bevölkert, so dass für dich kaum noch ein Plätzchen frei ist, dann greife zur Holzhammer-Methode: Nimm **Insektenspray für Räume** und lass es einwirken, wie vom Hersteller empfohlen. Totsicher sind dann alle Insekten weg vom Fenster!

TIPP THREE (3):

Ein kleines bisschen Schleichwerbung in eigener Sache des Autors wird hier sicher erlaubt sein: **<u>Ebenso lästig wie Stechmücken sind Bauchfett und Übergewicht! Kauf dir das Buch „Die Volumendiät" von Max Lema, hübsch selbstverlegt bei BoD! Denk dran: Es ist viel schwerer abzunehmen, als man denkt. Deshalb sind so viele Leute dick!</u>**

NACH DER ANWENDUNG DES INSEKTENSPRAYS BITTE ENTSPRECHEND DER HERSTELLER-EMPFEHLUNG LÜFTEN

Ist der Raum nun frei von Insekten kann man meistens nach TIPP ONE (1) verfahren.

Unterwegs...

stellt man fest, dass die Mücken meistens abends aktiv werden.

TIPP FOUR (4):

Viele Menschen hassen Campen wegen: Stechmücken!

Doch das muss gar nicht sein, wenn man <u>genau darauf achtet, die Insektennetze und Eingänge nicht länger als nötig offen zu lassen.</u> Man sollte den Jagdtrieb dieser Tierchen nicht unterschätzen und auch nicht ihre Intelligenz. Insekten sind eine halbe Milliarde Jahre länger auf diesem Planeten als wir Säugetiere!

Licht ist in der Outdoor-Situation ein Magnet für Mücken!

Deshalb sollte man sich gut überlegen, ob man es wagt, auch nur für kurze Zeit abends und nachts die Eingänge zu öffnen.

Schlimmer als von Stechmücken nachts geplagt zu werden, kann die Stimmung der Partnerin oder des Partners am nächsten Morgen sein. Die Mücke bringt zwar niemanden um, aber...

OZARK
TRAIL

Abends am Wasser...

sind sie plötzlich da, um dir jede romantische Stimmung zu versauen: Stechmücken in Schwärmen! Der nachfolgende Tipp hilft bis zu einem gewissen Grad:

TIPP FIVE (5):

Es gibt da dieses bekannte Insektenspray, das man sich auf die Haut sprüht. Ich nenne den Hersteller nicht an dieser Stelle, aber ein Gruß geht schon mal raus an die Firma!

NEHME DAS SPRAY UND BENUTZE ES IN RAUEN MENGEN, NUR SO HILFT ES ZUMINDEST MIR

Nach einer Viertelstunde erneut in Massen anwenden, um von den Insekten in Ruhe gelassen zu werden.

Bei empfindlicher Haut oder allgemeinen Bedenken bitte erst einen Hautarzt konsultieren. Wenn es 2 Jahre dauert, bis du einen Termin bekommst, hast du Pech gehabt!

Insektennetz am Fenster...

Was beim Campen hilft, hilft auch bei Zimmerfenstern.

Jeder hat sie schon einmal gesehen und schätzt sie, aber nicht jeder hat das handwerkliche Geschick, sie anzubringen: Insektennetze, die in der Fenster-Leibung montiert werden.

Es ist aufwändig, aber für diejenigen die beste Lösung, die nachts mit offenem Fenster schlafen möchten.

Beachten sollte man dann nur, dass auch die Zimmertüre nicht lange offen steht. Insbesondere wenn Menschen im Raum zugegen sind.

Abends, wenn die Blutsauger kommen!

Vorsicht! Jetzt wird es absurd...

Für fortgeschrittene Stechmücken-Hasser kommen nun ein paar nicht ganz ernstgemeinte Vorschläge für das Schlafzimmer im heimischen Domizil!

TIPP SEVEN (7):

Es gibt Freunde, die dir ihre Hilfe anbieten. Nimmst du sie an?

NEHME EINIGE WEBERKNECHTE, JE GRÖSSER DESTO BESSER, UND LASSE SIE IHRE NETZE IM RAUM WEBEN.

Auf natürliche Weise werden Stechmücken eingefangen und dienen als Nahrung für deine Freunde, den Weberknechten.

Absurd, Teil 2 ...

Chamäleons und Frösche haben lange klebrige Zungen und jagen damit Insekten!

TIPP EIGHT (8):

Frag ein Chamäleon oder einen Frosch, ob er dein Kammerjäger-sein will und baue ihm ein Terrarium in deinem Schlafzimmer auf!

Akzeptiere, dass du Teil der Natur bist. Lasse die Stechmücken und alle anderen Insekten unbehelligt im Raum herumschwir-ren, nimm Stiche in Kauf. Überlasse die Jagd deinem Kumpel mit der langen Zunge!

<u>Anmerkung des Autors:</u> Ich habe keinerlei Erfahrung mit dieser Form der Insektenjagd, und dieser Tipp ist nur satirisch gemeint.

Absurd, Teil 3 ...

Du bist eine suspekte Person, wenn du diesen Tipp befolgst, weil alles andere nicht erfolgreich war. Er ist ohne Frage nur „legal", solange keine geschützten Falter-Arten die Party in deinem Schlafzimmer frequentieren!

Du läßt im Schlafzimmer alle Lampen an, fügst noch extra ein paar große Strahler hinzu, die du nachts aus dem Fenster leuchten läßt um **ALLE MÜCKEN IN DER UMGEBUNG ANZULOCKEN!!!**

DU ÖFFNEST DAS FENSTER.

Wenn alle Stechmücken aus der Nachbarschaft in deinem Zimmer sind, machst du das Fenster zu. Lampen aus.

Viel Spaß draußen in der Hängematte.

Hausmittelchen

Ja, es gibt sie, die umweltschonenden Hausmittelchen, bei denen jeder Stechmücke das Lachen im Rüssel kleben bleibt!

TIPP TEN (10):

Katzenminze, Zitronenmelisse und Basilikum* sollen auf Mücken abstossend wirken, während sie für uns kaum wahrnehmbar riechen!

***Nicht nur auf der Pizza gut, sondern auch im Schlafzimmer - Wer hätte das gedacht?**

<u>Fazit: Dank TIPP ONE (1) komme ich ohne das Grünzeug aus.</u>

Und jetzt bitte Licht aus und entspannt einschlafen :-)